Bara Tankar I

Peter Porss

Bara Tankar I

Högst personliga betraktelser och existentiella funderingar från landet mitt emellan i en slags poesiform

© 2019 Porss, Peter
Förlag: BoD – Books on Demand, Stockholm, Sverige
Tryck: BoD – Books on Demand, Norderstedt,
Tyskland
ISBN: 978-91-7851-139-6

Stormfågeln

Jag hade glömt allt
Glömt allt jag kom hit för

Här, en färdigtrampad stig, nednött, djupt i mark
Hade glömt allt som var
Det enda jag kom ihåg var att jag någonstans mindes

Mindes ett någonstans

Men mitt tramp hade lett mig hit
Till labyrintens bott
Dit fötter ej når
Dit ögon ej ser
Men vågors brus
Hörs
Om man blundar

Avlägset borta skvalpade minnen upp på stranden
Djupt under ytan skimrade en verklighet för den seende
Sjöfolk vädrade storm, revade segel, ankrade redigt
Stormfågeln skådade längtande det annalkande
Snart krossades minnen mot klipporna
Smulades sönder

Tätt över sjön nalkades dimman

Jag mindes att jag glömt allt

Strax utanför

Vågorna smekte land i långsam lek medan klipporna
dunstade bort varje försök. Ute vid reven blev leken
fradgad kamp. Vulkanen slumrade efter tufft värv.
Havet återgick långsamt från sitt förrädiska gäck.
Här var liv inte tänkt.

Där ute kastades min båt i den alltmer stillnande
stormen.
Dimma drev in. Ljus förbyttes till tät grånad. Vågorna
befriades försiktigt sitt arbete. Stilla kapitulation spred
sig.
Havet stannade.

I detta befann jag mig. Detta var nu och strax utanför
reven.

Jag satt för mig själv och knep igen ögonen, satte
händerna för öronen och ville bort.
Men det hjälpte inte.

Mitt emellan

Någon ogillar dagen
För att den väcker och blottar
Eller för att den förblindar och förleder

En annan ogillar natten
För att den förleder och förblindar
Eller för att den blottar och väcker

Jag ville vara mitt emellan

Jag visste inte precis var jag befann mig
Trodde jag bara var där, mitt emellan för en stund
Men något var mig fortfarande i hasorna
Förföljandet hade bara bytt skepnad

Det tedde sig naturligtvis omöjligt och till och med
otänkbart men egentligen inte ogenomförbart
Men jag vågade inte
Jag hade gett upp att försöka förstå det som skedde

Kontrollen var förlorad sedan länge
Kände mig totallurad och förd bakom ljuset
Men de hade trots allt gett mig ett kungadöme att
förvalta

Drömmarna hade börjat återvända
Vissa kände jag igen
Andra verkade helt nya

Vill till

Att stanna kändes svårt
Jag ville bara bort och iväg, bort från
Men här fanns inget stopp bara riktning och endast en
Till slut orkade jag inte längre
I ett bedrägligt still med endast frånvaro föll jag ner

Jag vill till något, märkte jag mig tänka
Jag vill till

Världen fanns någon annanstans

Ett Steg

Medan solen stilla steg den dagen satt jag på en sten på
randen av kratern och tänkte att nu fanns inget mer att
säga
Det var bara ett steg kvar

Horisontens avgränsning mot oändligheten blev allt
skarpare
Jorden skiljdes från skyn

Jag var rädd

Det räckte

Här hände ingenting
Allt var stilla
Alltför stilla

Absolut ingenting

Tiden var på väg ut
Höll på att promenera bort
Dörren var stängd men porten ej sluten

Än

Mitt bröst höjdes
Luft for in
Det räckte

Jag reste mig upp
Öppnade dörren
Och promenerade med

Alla Andra

Stormen hade varat ett tag. Mig gjorde det inte längre
någon skillnad. Hade lärt mig parera varje nyck och med
min automatik förekom jag den till och med då och då.
Blåsorna hade bytts ut till tjocka valkar, årorna var
stabila.

Orkanen var mig dock mer när. Eller dess mitt. Jag hade
nästan vant mig vid det förföriska lugnet. Frid och en
slags död var här ett och behövligt. Stiltjen hade mig i
sitt grepp. Stormens öga som någon sa, men här såg
man inget. Jo förresten, om man lägger till ett
perspektiv. Men jag såg inget.

Segel hade jag ännu inte lärt mig bemästra, knappt ens
sett. Bara de som farit förbi. Det var alla andra, en helt
annan historia.

Ett tag till

Jag önskade mig segel. Hade inga, men mast. Såg andra
fara förbi. Ville också fara, fara med. Fast grundet hade
ordnat läck i skrovet. Vatten upp till knät. Dimma på
väg.

Får nog vänta ett tag till. Kanske.

Inte Vänta

Så länge hade jag inte väntat
Jo, ur ett människoperspektiv
Förmodligen alltför länge

Men det mesta verkade ske alltför snabbt och tidigt eller
för långsamt och sent
Som ett liv utan nu

Jag ville inte vänta längre

Världen och mig

De hade åter börjat samlas. Precis strax utanför. Jag hade egentligen aldrig fått se dom, men trodde för mig själv att det inte behövdes.

Så jag drog mig undan och bort, bort från allt, världen och mig. Ville hellre gå undan, gå undan - till mig.

Stänga in och stänga ut verkade vara parollen. Inte släppa in och släppa ut.
Bjuda in och bjuda ut verkade ännu mer avlägset.

Jag befann mig strax så avlägset att de dova krevaderna utifrån och pelarnas kollaps djupt under bergens fundament fick mullra för sig själva.

Inte nått

En del görs direkt. En del görs senare. Något måste
göras direkt, något annat måste göras efteråt. En del
behöver inte göras alls.

Något kan man inte göra utan att man vet varför. Annat
bara om man bestämt sig.

Jag orkade inte göra nått.

Ett annat efter

Har befunnit mig på många platser, men sällan här och
nu.
Haft en slags oändlig frihet men ändock fängslad.
Jag har korsat land, farit skog, forsat älv. Seglat hav och
dykt djup har jag också gjort. Även stigit berg och sökt
under jord.

Men var jag än befann mig så var det inte här och nu.
Mest då och ett fingerat sedan.

Men jag längtar hit och nu. För ett annat efter.

Ana mitt

Måste smyga stilla, tyst
Ingen får ana mig, ana mitt

Min trädgård hade varit ovuxen ett tag. Alltsedan
röjningen. Försökte emellanåt smita ut för koll och
gödsling. Det var inte alltid så lätt då väktarnas nit
tycktes skärpas och låsen byttes
Likväl vid tillfällen smet jag

Jorden var torr, inte snustorr, men torr. Väder var inget
att göra åt. Det gällde bara att hantera det, sas det
Visste inte vad jag kunde göra, men det räckte tydligen
att bara vara här just nu

Att stå här och ana mitt

Inte för mig

Det var aldrig livet det gällde
I alla fall inte mitt
Undanskuffad, gömd som jag var
Men det var min livskraft som närapå förgjordes
Djupt nere i grottorna gömde jag mig

Gyckelspel var inte för mig

Fatta mig

Trots all varning så gick det inte att undvika

Det svindlade ordentligt då jag tittade ner från
klippväggen
Nu var det enda att stanna upp och fatta mig
någorlunda

Moln hade börjat driva in i dalen
De såg nu ut som mjuka dunbolster att landa i om jag
tappade greppet

Jag fortsatte strax klättra

Bara titta

Ville att någon skulle se mig
Men vågade inget visa
Tittandet skrämde

Ville att någon skulle visa sig
Men vågade inte se
Bara titta

Dit jag skulle

Det var inte hit jag skulle

Det var dit, eller var det dit?
Jag visste egentligen inte
Hur skulle jag det egentligen, när jag bara hade följt
Hit eller dit förresten, det verkar veligt

Fast nu är jag ju här och kan ta mig dit jag skulle

Fängslad

Fri ville jag va som fånge
Fängslad ville jag va som fri
Buren var antingen för knapp eller ofantlig, i alla fall till
omfånget
Allt skedde i mitt huvud
Ja, var annars?

Frihetens bur är komplicerad

Kliv nu

Egentligen hade jag inte förflyttat mig alls, insåg jag
försent för mitt kliv just då
Dyn hade slukat mig upp till halva låret utan att jag
märkt det
Jag fick ta mig ett tag för att lirka mig loss
Därefter rullade jag bort mot fastare mark och reste mig

Nu så

Kanske jag kan ta mitt kliv nu

Aldrig

Stegen verkade alltid bli alltför korta och för många eller
alltför långa och för få
Aldrig behagfullt strosande

Vägen verkade dessutom alltid vara alltför kort eller
alltför lång
Aldrig tillräckligt lagom

Och jag blev alltid alltför utled eller alltför urlakad
Aldrig angenämt trött

Det här ville jag aldrig mer

Här eller där

Jag ville inte vara här för jag ville inte dit
Jag ville inte vara där för jag ville inte hit
Dit och hit och sen hit och dit
Fram och tillbaka, runt och runt
I ett illbådande kretslopp

Var jag egentligen ville vara, hade jag ingen aning om
Visste ju knappt vad jag behövde eller längtade efter

Jag drömde om nått annat och det var varken här eller
där

Då

Ett antal gånger

Överblick kanske jag hade men förstod inte det jag såg. Hade klättrat upp på klippan för den. Långt där borta ute till havs såg jag en eka slå mot reven, en stormfågel lyfta. Dimbankar, stiltje, storm och regn gäckade havets alla omfånger.
Nedan skymtades knappt de djupa fåror som genomkorsade landskapet i labyrintiska former.
Vulkanens ångor och dunster dolde dem väl.

Här fanns dock en stillhet. Här förblev jag ett tag, kanske allt för länge. Försökte ju förstå.

Jag kom att återvända ett antal gånger.

Förseningen

Ibland var det som att jag försökte observera för mycket
på en gång. Det blev som om världen inte var med på
det. Kraftiga kaskader från vulkanen varvades med djupt
rummel från underjorden eller skyfall.
Men jag fortsatte trots detta och att jag sällan fick syn på
någonting.

Förseningen berodde dock mest på alla hägringar och
varsel som lurade på.

Fortsatte tyst

Var tvungen att stanna upp och greppa tag

Hade visserligen klarat mig förbi första posten men
syner från förr dröjde sig kvar lite för otvunget och
branten var för stup för säker trask utan fokus
Giftets efterverkningar fräste till, klippan tycktes allt
slipprigare
Fick ändå bra spjärn med fötterna också
Vilade sinnet stilla

Fortsatte tyst

Aldrig undan

Oavsett om jag gjorde något eller inte så skedde
någonting
En del visade sig, det mesta fördoldes

Jag kom aldrig undan

De tornade upp sig hotfullt eller bökade djupt
Respektlöst blottläggande och hånfullt torpederande

Jag kom aldrig undan

Spåren djupnade och dunklet skärptes
Mönstren skönjdes och tanken formades

Men jag kom aldrig undan

Snart dags

Hade kretsat kring många varv
Sfärens roterande ställde till det men med mitt eget
piruetterande fick jag det att fungera
Det såg inte vackert ut men det var det ingen som
kunde se och påtala

Med min alltmer upplärda blick hade avspaningen
fortgått systematiskt snabbt
En del gick att känna igen och en del var nytt men
molnen dolde ofta snabbt blottlagda ytor

Det var snart dags
Halveringstiden var tydligen kortare än vad som
uppgetts
Dräkten och det andra behövdes inte längre

Det var snart dags

Vet jag

Önskade aldrig
Drömde aldrig
Ville aldrig

Trodde jag

Önskade aldrig det jag önskade
Drömde aldrig det jag drömde
Ville aldrig det jag ville

Vet jag

Snart inget kvar

Jag hade aldrig befunnit mig där ute
Jo, kanske en gång för ett tag sedan
Men det var kanske aldrig meningen heller att jag skulle
få återkomma
Förutsättningarna för det verkade vara desamma
Men det tedde sig främmande ändå
Brutalt annorlunda

Kände mig på något sätt förvisad, deporterad
Kanske av mig själv
Hade varit lättare om det varit av någon annan
Visst ville jag, men kanske mer behövde
Det började ta slut här inne
Det fanns snart inget kvar

Snart inget kvar som kunde ta sig ut

Modet

Modet hade undantagsvis visat sig

Vid något sällsynt tillfälle hade det dock sprattlat till
framför mig, gripit tag i mig och lett mig runt i mitt
glömda och ignorerade

Men jag vill ha mod att följa det fundamentala
Kanske jag får leta upp det själv

Modet

Modet att följa det fundamentala

Inte bara

Vet inte hur länge jag hade varit på väg. Inga minnen av
när det hela fick sin start. Kursen verkade uppgjord. Vet
inte hur det var planerat. Terrängen var sällan krånglig
eller tuff. Viloplatserna sparsamt lokaliserade och jag låg
allt oftare för bar himmel. Åsynen gav mig frid från
dagarnas inte så tunga men något monotona
ansträngning.
Vart det bar hän var dunkelt. Förhållningarna avslöjade
inget, bara vad jag skulle följa.

Nattens frid övergick sakteliga i dagligt tvivel.
Naturligtvis.
Tvivel inte bara om okunskapen och dunklet.

Visst

Visst hade jag velat vara med, men vad hade jag kunnat
tillföra, då
Makten var inte min och därefter förmådde jag aldrig att
påtala det uppenbara
Nästan allt blev främmande
Det gick an, behövde inte bekymra tillvaron

Och dagen kom då det knackade på dörren

Visst hade jag kunnat öppna den vid, men det blev på
glänt
Förmådde inget mer trots att makten var min
Mummel och sorl och ja, något ljus kanske klämde sig
igenom
Men nästan allt var främmande
Till en början gick det an, men därefter inte

Och dagen kom då det bultade på porten

27

Saknar

Trött på alla ljud omkring mig
Trött på allt jag ser omkring mig
Trött på alla lukter omkring mig
Trött på alla smaker jag upplever
Trött på temperatur och balans kan jag inte vara

Beröring saknar jag dock

Fel ändå

Det blinkade till då och då. Blev fascinerad. Ville mer
blink. Blev lite beroende.
Mer och mer ville jag ha.
Blinket blev mitt ljus.
Till slut så bländande att jag inte såg vart jag steg.
Spelade ju egentligen ingen roll då vägen ändå var fel.

Doften

Allt verkade totalt avigt

Tittarna såg ingenting
Gångarna famlade efter riktning
Lyssnarna hörde inget

Det enda som framträdde tydligt var den blindes vision
och den stummes recitation

Och den saknade doften

Övertyga

Mörker sades vara urtillståndet
Ljuset bara ett undantag
I universum

Kunde hålla med detta, där jag befann mig

Men naturens mörker är en passiv aktion och dess ljus
en aktiv process

Försökte övertyga mig själv om det

Paus

-

Inte ett ord

Lustigt, jag minns inte ett ord av vad som sägs

Ändå känns det

Minns då jag mindes allt som sagts och sades
Men det vill jag inte minnas
Inte ett ord

Det var det inte

Det kändes nästan alltför vågat att ens tänka sig det

Vägen dit var alltför otillgänglig och grym
Visste väl var platsen låg men offret kändes alltför högt

Men det var det inte, precis tvärtom

Lampan

Riktning och mening försvann med ens utan att de
saknades
Något kyligt, mörkt och krampaktigt greppandes och
famlandes uppenbarades

Ljuset överrumplades, kördes bort

Så jag tände lampan

Ekvation

Får inte ihop denna ekvation riktigt

Det sägs att
Du behöver det här och göra det där så att du får tid
med det du vill och har lust till

Men det jag vill och har lust till är att göra det jag
behöver, både det här och det där

Och det känns till och med meningsfullt

Feljusterad

Öppnade den rangliga garderobsdörren
Där hängde alla förklädnader jag använt i prydlig och
ceremoniel sekvens
Och där var alla anteckningar och protokoll jag fört
sorterade i fasansfull perfektionism

Förklädd hade jag vandrat omkring och ständigt
iakttagit, noterat och protokollfört
Inte bara i falskt och fegt hölje utan i en ständig
jävssituation

Det var inte bara garderobsdörren som var feljusterad

En dag för mycket

En dag för mycket
Det hade jag önskat att det bara var

Revet hade gjort sitt, bra
Lurandes fast aningslösa i oförskylld pakt med havet
och vinden

På andra sidan ön, vid vulkanens södra sluttning stod
dock de väntande

Jag öste till en början på, raskt, i förhoppning att kvickt
kunna lämna det tillfälliga häktet
Men oavsett ansträngning så tycktes lika mycket vatten
fyllas på som avlägsnades
Visste inte att jag kunde gjort annorlunda

Jag blev kvar

Inte bara en dag för mycket

Inte beredd

Anade att det inte kunde fortgå sådär
Det blev som någon slags atrapp för det reella

Längre och längre bort från, blev jag
Alla besvärjelser var lönlösa, naturligtvis
Även alla andra trevare
Det var bara på ett sätt det fick fortgå
Men det gjorde det inte

Jag var inte beredd

Var, då

Hur skulle längtan, önskan och drömmar kunnat få gro
här, när det enda jag förmådde var att vira in mig i mina
taggbuskar. Kunde ju aldrig ge dem uppmärksamheten
de tarvade. Hur jag än vände och vred mig spetsades jag
och mitt sinne försnillades allt mer

Men kanske de låg kvar som frön eller puppor i marken
och bara väntade på mig, hoppades jag medan jag
kopplade bort de sista slingrande grenarna och karvade
ur hullingarna ur min kropp

Det gjorde de men jag visste inte var, då

Porten

Strax efter uppkomsten men innan rörelsens inträde
Då alla premisserna uppenbarades och alla
riktningar ännu öppna

Där befann jag mig

Uppfattade aldrig det möjliga eller förutsättningarna
Nosade mig försiktigt fram för något återsken förekom
knappt men måste ändå hinna nå porten

Inget hände
Tiden höll på att ta slut
Men det fanns en existens som upprätthöll stunden

Djupt ner muttrandes och lallandes för sig själv gjorde
sig existensen sig inga bekymmer, helt nöjd med sitt
fortvarande
Att kallelsen skulle åtlydas var det ingen tvekan om
Om den kom

Den väntade, men det hände ingenting

Först

Därefter knackade det på porten

De stora fartygen

De stora fartygens tid verkade det vara
Stora nästan självstyrande kolosser farandes de
breda lederna. Med redan bestämda och oföränderliga
rutter sköljandes smått tsunamidjupa massor av vatten
över allt lågt land och öarna

Jag befann mig omgiven av dessa rutter

Mitt skepp låg sedan länge uppsvept på klipporna,
visserligen oskadd men på sned. Fyren på kobben gav
mig skydd för väder men tjockans tilltagande förekomst
väckte liv i mistsignalen alltför frekvent. Jag började
sova när jag var vaken och vara vaken när jag sov

Jag tänkte kanske på detta medan vågorna sköljde över
mina fötter betraktandes några nytända kasar inåt land

Och drömde

Tillbaka också

Ju mer jag avlägsnade mig, ju närmare inkräktades jag.
Slöt jag ögonen, översvämmades min syn. Stannade jag
blev jag krossad. Vände jag om blev jag uppslukad eller
ödelade själv
Sådana var premisserna jag trodde mig ha

Och jag sprang och sprang, lämpade av mig mitt bagage
med jämna mellanrum. Vågade aldrig vända mig om,
rädd för förintelse

Sprang till regnbågens fot och ett stycke till, för
säkerhets skull. Här fann mig ingen. Här blev min värld,
i skydd av solens och regnets intimitet
Ett bra tag

Och jag fann mig

Men sedan var det ju att ta sig tillbaka också

Kom på

Jag hade sett allt

Anordningen var sådan att varje del av världen
förmodades bli avspeglad och återkastad
Lade själv till några detaljer i konstruktionen så att
bilden skulle bli fulländad

Men kom på att jag behövde speglar som reflekterande
återgav allt

Allt eller inget

På gränsen till allt
På gränsen till inget

Visste inte om jag hade med mig allt, men det fanns en
vits med det
Inget kan ju korsas med full visshet och vetskap
I så fall befinner man sig i gränslöst förfall

Rädd för det ena och livrädd för det andra, eller var det
tvärtom
Jag kanske borde varit helt säker

Men där var jag
Och tog mitt kliv

På gränsen till allt eller inget

Tysta tider

Tysta tider
Ingen som frågar eller undrar längre
Alla i sin övertygelse om att den egna bilden är den
sanna
Sant, ett luggslitet ord, men här, det man nöjer sig med
hur det förhåller sig

Klart, översköljda av allt hela tiden och ett klick ifrån
virtuell bekräftelse och ett slags svar så är det ju
förståeligt

Men det verkar tyst

Och sedan

Jag borde kanske anat eller uppfattat det tidigare. Ön
hade ju inte någon brygga att lägga an vid och var
ockuperad av endast en fyr för varning och guide för
annan riktning, kunde jag ju se genom kikaren

Fick aldrig chansen att löpa redigt an, blev ju barskt
kapad och avslängd och fick simma sista vägen in. Det
var inte så det hade annonserats
Var mina första tankar

Och sedan ...

Fasade över

Fasade över de många beslut och avgöranden som
med säker lättvindlighet fattades utifrån
fördomsfulla föreställningar och okunskap

De döda kropparna låg prydligt uppradade längs med
vägkanten. En del i krampaktigt frusna ställningar som i
försök att värja sig, någon liksom bara enkelt ditkastad.
Det märkliga förutom det uppenbart fasansfulla var
frånvaron av likstank

Jag fortsatte försiktigt förbi med blicken koncentrerat
riktat lite mer uppåt men undgick inte att lägga märke
till de sista kropparnas ansikten. Tyckte mig känna igen
anletsdragen
Det var ju jag

Jag sprang och sprang. Föll ihop, skräckslagen och
förvirrad

Och fasade över de beslut jag nu hade att fatta

I alla fall rädd

Ville försöka med att bara vända mig om
Visste aldrig om jag lyckades
Vyn tycktes likadan
Hade ingen aning om vad jag skulle fått se
Bara vad jag var rädd för

Ville bara försöka närma mig
Men fann inte vad det skulle vara
Jo, kanske anade, men fattade inte
Bara vad jag var rädd för

Ja, jag var i alla fall rädd

Finns ett du

Dom stod där, storpratarna, och ylade sina besked.
"Här är jag, titta på mig, jag är centrum för
uppmärksamheten. Jag, jag ... håller hov här, så betjäna
mig med din uppmärksamhet".

Har stöld skett så är det här.

Jag övertygade mig om att jag måste iväg och sniglade
bort.

Kan inte vara där det inte finns ett du där jag existerar.

Nära avstånd

Jag behöver vara nära
Mycket nära
Fast med avstånd
Rätt avstånd

Rätt nära avstånd

Anklagelser

Försvaret hade krackelerat totalt
Det var väl väntat
Hade försökt att inte lägga någon emfas på värnet
Domen visste jag, bestraffningen bekant med
Skulle också vara lösgjord inom kort, och processen
skulle upprepa sig

I den världen kom ingen undan

Jo, jag stod egentligen där och smålog åt taskspeleriet

Såg ju hur alla anklagelser uppstod

Något annorlunda

Jag hade begett mig ganska djupt in

Upplevde det inte mer annorlunda än så jag hade
föreställt mig, utan fullständigt annorlunda

Det var inte kroppens avläsning av omgivningen, inte
heller dess primära eller sekundära respons som gjorde
det annorlunda, eller det andra vanliga

Det var som att allt verkade totalt på något sätt, allt sågs
i ett och ett sågs i allt
Själva existensen blev som ett varande och insedd, fast
på ett mycket skört vis

Jag begav mig åter, fast något annorlunda

Dröm om sen

Väcktes brutalt varje morgon
Försvarslös
Uppsliten från min nattliga konvalescens
Det satt fortfarande i min kropp, mitt nervsystem,
ständigt projicerande förebud
Reflex från en svunnen tid

Låg kvar ett tag, med en fullständigt klarvakens oro men
långt ifrån något sans
Klev upp och fram till pianot och spelade något, som en
reflex
Men om en dröm om sen

Om du kommer förbi

Finns här om du kommer förbi
Kommer inte till mötes
Kan inte gå utanför portarna
Men jag finns här om du kommer förbi

Ska vi träffas så får du vänta lite, inte här, får smita ut
först

Men jag finns här om du kommer förbi

Passera förbi

Var en av dom som träffades men aldrig kunde mötas
Vågade aldrig stå kvar och se, vände mig alltid om

Såg alla passera förbi
Såg dig passera förbi

Det var ingen idé
Vi hade kunnat träffas men aldrig mötas

Nu är det bara jag som passerar förbi och har ingen att
möta

Väktarnas torn

Brutalt avplockad på allt och anklagad för
förräderi blev jag nedkastad i de djupa hålorna
under borgen

De kallfuktiga stenväggarna, de trånga gångarna blev
min rymd, min skapelse. Till slut min trygghet
Jag kunde till slut vandra omkring, nästan obehindrad.
Ända upp till murkrönet, ibland

Och allt oftare

Till en början nöjd över att vara där jag befann mig.
Världen utanför, om den fortfarande fanns, hade ju
krossat mig. Blev ju avplockad allt jag hade

När vinden låg på kunde jag skönja doften allt starkare.
Den klingade av då jag återvände till mitt förvar och
planen tog form

Att ta mig in i väktarnas torn

6 fot

Hade farit havet fram och åter
Ett bra tag

Mitt skepp var illa åtgånget efter att ha kastats genom
stormar och bärgats från bottnar och rev
Den låg nu uppsläpad på land för reparation
De allvarligaste skadorna hade skett när jag hade lagt till
eller försökt lägga till för hamn
Någon var alltför grund vid kaj, någon alltför djup
Alltifrån två till hundra fot stötte jag på
Antingen alltför grund, med risk för uppslitet skrov,
eller för djup, med risk för djupa malströmmar som drar
ner

Allt jag behövde var 6 fot

En famn

Inget

Om du inte vet vad jag är rädd för, så vet du inget om
mig
Om du inte vet vad jag tycker är pinsamt eller skäms
över, så vet du inget om mig
Om du inte vet vad jag behöver eller längtar efter, så vet
du inget om mig

Visst, du kan se allt annat, men du vet inget om mig

Långt bort bland människorna

Hade sällan befunnit mig på någon vettig plats att vara
Bland människorna alltså

Allt verkade bara vara yta och dagligheter
Inget konstigt i det, fullständigt normalt
Bland människorna alltså

Men det var inget för mig

Gick hellre i skogen och lät mig drömas bort i
neuronernas trevande nyfikenhet
Långt bort
Ända bort till längtan om en vettig plats att vara
Långt bort

Bland människorna alltså

Nyckeln ut

Dimman var mer min vän, än inte
Ett tag
Fast det var inte dimmans fel, till slut

Jag slank än hit och än dit in i foggen, simpelt och
elegant, vid minsta gest
Dunstväck innan ögonblicken ens han uppstå
Den blev först min asyl, med tiden inte bara mitt häkte
utan arrest också

Fann ett här, där, men utan vy

Småningom, så glesnade dimman mer och oftare och
ibland så kvickt att allt omkring nästan blev ertappat
avslöjat
Likaså min nyfikenhet och plötsliga iver
De kunde inte döljas längre

Men var fanns nyckeln ut, undrade jag

Uthärdade

Ångorna hängde fortfarande kvar

Giftet i mig fick nu i alla fall en kanske sista chans att ge
sig
Min kropp behövde denna befrielse
Skedde inte det nu var min fortsatthet lagd i ödets
vågskål
Och det ville jag inte
Jag la mig ner, tog ett djupt andetag, släppte sinnet och
associationerna fria

Bevittnade och uthärdade

Motdrag

Var tvungen att blint fly fram hela vägen
Visste att varelsen på dagen såg precis det jag såg och
kunde spåra mig utan vidare om jag inte täckte för mina
ögon
Med sönderriven kropp och stukad vrist föll jag till slut
trött ner i min asyl
Tillfälliga
Det mörknade och strax vågade jag ta av ögonbindeln
Nattetid såg jag precis det varelsen såg med sitt
mörkerseende

Så jag började snabbt planera mina motdrag

Då och då

Hade ibland utnyttjat morgondimmornas täck för mina
arla göromål. Att förflytta mina positioner och leta nya
spår för dagen. Men dom var oerhört kvicka och
vädrade varje rörelse och move
Jag kom ingen vart

Sen försökte jag ett tag att bara sluta ögonlocken och
somna om från den fasa som började visa sig allt
starkare, som hos en som aldrig tittar till sin rädsla. Men
jag kunde varken blunda eller drömma utan att den
överrumplade hela mitt väsen. Varken dag eller natt, ljus
eller mörker beredde mig någon plats
Det fanns inget var

Jo, den korta stund då hjärnan flyttar fokus från helt
interna angelägenheter till sinnligt påverkade aktiviteter
och jorden fortfarande befann sig i position då natt
likväl som dag med rätta kunde hävda sitt överläge
Det fanns ett litet där

Då och då i alla fall

3 trappor upp

-Är du människa eller vad, hörde jag en röst inifrån,
precis innan luckan vräktes upp.
-Jaha, det ser jag ju, svarade rösten snabbt och alltför
lojt innan jag ens hunnit reagera på frågan.
-Varsegod å kliv in och fyll i blanketten här så är allting
klart.

Människa, tänkte jag. Just det, så var det ju, väl? Men
vad fanns det för andra typer eller varelser som kom hit
egentligen.
Har jag kommit rätt, ekade det tyst i huvudet.

Jag hade befunnit mig länge tre trappor ner och hade
besökt marknivån nån enstaka gång, men aldrig utan
uppsikt. Hissen upp till översta plan hade jag tagit i
smyg flera gånger. Först för att det gick, sen av
nyfikenhet.
Vyn därifrån var märkligt fascinerande. Hustak så långt
jag kunde se. Nästan.
Längre bort såg jag skogar, sjöar och berg och annat
förunderligt.
Jag såg också andra, människor då, till synes självklart
göra sina göromål som människor gör.
Jag ville också göra som människor gör.

Det var därför jag begav mig tre trappor upp för en
visit.

Uppsikt

Nån måste ha uppsikt
Nån måste se vad som händer omkring

Men inte jag, jag har fullt upp
Med uppsikt över det som sker inom

Kontroll vill jag ha
Men jag hatar kontroll

Jag borde kanske ha uppsikt över kontrollen
Göra inspektioner lite oftare

Det skiter jag i
Men jag borde ha uppsikt

Ännu en vecka

Ännu en av de där veckorna hade passerat

De dagliga ritualerna och besvärjelserna hade utförts
Uppehälle hade förtjänats
Föreskrifterna och direktiven för övrigt hade jag följt
utan anmodan. Hade till och med föreslagit tydligare
uppstyrd tillämpning av dem

Ännu en av de där veckorna hade passerat
Utan att ha någon att dela händelser med
Dela tankar och oro, vara behövd
En förlorad vecka

Ännu en av de där veckorna hade passerat

Oändligheten

Solen gjorde sina försök och den vackra morgonen gjorde det inte lättare att inte gilla denna morgon för att göra mig redo

Men. Jag ville inte gå ut, igen. Och jag ville definitivt inte gå in, igen. Ute, inifrån sett, skrämde. Inne, utifrån sett, avskräckte

Eftersom där jag befann mig inte räknades eller kanske fanns, men existerade, så rörde jag mig obehindrat, för en stund. Jag klättrade allt högre. Såg en horisont till slut. Såg ner. Mina spår löpte runt i en åtta. Fast på ett möbiust sätt. Det fanns bara en sida. Jaha, tänkte jag, och fick tänka till. Det var ju enkelt att lösa. Jag klättrade ner

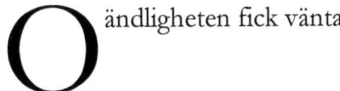

O ändligheten fick vänta

Bekymmersamt

Det kniviga var inte att allting hände samtidigt eller att
jag la märke till inte bara det jag såg och
uppmärksammade utan även allt det andra också

Det bekymmersamma var att inte rasa ner längs med
husfasaderna från det slakt uppspända repet mellan
taknockarna medan vinden i utstuderad allians med
regnet fränt ansatte

Exil

Satt fullständigt still
Andning och puls nästan omärkbar
Medvetandet ihoptryckt
Endast kroppens basala reflexer kunde vittna om nått
organiskt
Närmare ickeexistens kom man inte som fysisk närvaro

Nu kanske jag skulle undgå anklagelser och förföljelse

Kanske jag gjorde

Ett håll

Mitt förordnande höll på att löpa ut

Tidigare hade förlängningar skett ganska automatiskt
smidigt, vilket också hade skett några gånger. Denna
omgång var jag ytterst tveksam. Det fanns ju ingen vits
med posteringen längre, om den nu egentligen hade
varit nödvändig från första början. Hade glömt om jag
skulle vakta eller hindra eller hjälpa eller vad. Gränsen
hade heller inte närmats från något håll sedan senaste
stormen. Och det var ett bra tag sedan

Jag hade blivit uttråkad och näst intill fullständigt
avtrubbad och likgiltig
Så jag bestämde mig för att tacka nej för fortsättning

Vilket håll skulle jag nu vandra, tänkte jag för mig själv
Ditåt eller ditåt?

Ett håll blev det

Upptäckbar

Det fanns bara en stans min existens var möjlig
Långt bortanför allas händelsehorisont
Även din

Oupptäckbar

Endast effekter och symptom avslöjade positionen
Kunde heller själv inte avgöra var i alltet den befann sig,
bara att existensen endast där var möjlig

Men det var ingen stans att befinna sig i, bara existera i

Jag behövde befinna mig, existera där jag befann mig,
avslöja min position och bli upptäckbar

För dig

Omöjliga drömmar

Jag hade aldrig några drömmar om den världen

Visst hade jag massor av drömmar, men inte om den
världen
Mina var egentligen omöjliga i den världen, eller inte,
om man ser det så

Jag växte upp bakom staketen med syner från ett
avlägset krig
Och hade drömmar om något annat, men inte om den
världen

Jag fann mig sen i den världen
Utan drömmar
Nej

Med omöjliga drömmar
I den världen

Mycket lång

Visste inte om kriget ännu pågick eller inte
Striderna var i alla fall inte över

Kände ett och annat granatsplitter och kula tränga in i
kroppen då och då, men det gjorde mig inget. Min
kropp var redan duperad och sinnet näst intill
sedimenterat

Ur ett perspektiv var ju kriget definitivt redan vunnet i
alla fall
Ur ett annat naturligtvis förlorat
Hur det nu hade gått till?
Men så verkade det vara

Försökte famla mig i rätt riktning bland ruinerna och
liken
Vägen låg lång framför mig

Mycket lång

Beredd för

Jag var beredd på allt, trodde jag

Men bara på individuella varianter
De kunde vara intima och ärliga, som bäst
Medan gruppvarianter tenderade att bli vidriga
Kanske naturliga men med avskyvärda variationer
Såg jag
Men det fanns ju inget val, egentligen

Det var jag inte beredd för

P_{aus}

--

Paradigm

Visst var jag minutiöst noggrann i
undersökningar, gjorde systematiskt petigt
grundliga studier
Där jag också befann mig var jag kanske den bäst
lämpade och med närmare eftertanke kanske det enda
exemplaret inte ovillig att syna och analysera aktuella
fenomen och faktum

Varje manifestation och spår följdes, utforskades och jag
raskade runt, spanandes, noterandes. Ofta avlägset, både
i rum och tid

De omedelbara resultaten kom ofta snabbt fram, men
någonting var det med analyserna och utvärderingarna.
Slutsatserna verkade alltför konstruerade och de
förmodade och förväntade följdeffekterna uteblev
ideligen

Det slog mig att i alla fall ansatserna förmodligen var de
rätta men grundhypoteserna antagligen gravt felaktiga

Till och med kunde det vara så att hela paradigmet var
åt helvete, nästan bokstavligt talat

Ovillkorad

Inte bara var det så att min existens hade blivit villkorad.
Mitt varande i världen hade också formats till att bli
väldigt apparatmässig. Jag befann mig också i händer
som inte var lämpade för traktering av dylika
instrument, då

Mitt liv blev en slags uppgift. Att lösa, kanske. Men inte
för min skull. Jag kan köpa att ha ett uppdrag, ett kall,
ett ärende i mitt liv, för då har jag i alla fall ett liv. Men
inte att mitt liv är dessa abstrakta tingestar. Existensen
kan inte få vara annat än ovillkorad och bara av livet
självt

Perspektiv

Åsikter är väl lätt att ha, insikter lite svårare att skaffa
Kunskaper kan man förvärva, erfarenheter tar tid

Tror gör vi, gissar för ofta, glömmer att fråga
Fördomar genomsyrar

Rätt, ofta rätt fel
Sanning feluppfattat

Omdöme och vishet sällsynt
Perspektiv och reflektion behövs

Ledtrådar

Jag hade slängt ut ledtrådar lite här och var och då och
då. Enkla att se och tyda, tänkte jag. Men de blev aldrig
upptäckta, eller inget hände i alla fall. Trodde ibland att
de visst blev upptäckta men att de negligerades och
struntade i.

Jag får försöka kanske att komma ihåg var jag lägger
dem nästa gång jag går ut för att leta.

Eller kanske lägga om strategin i grunden.

Efterspel

Händelser sker och vi förklarar oss ha gjort ett val

Visst kan det ha varit ett val, men oftast betydligt
tidigare och med ett vanemässigt fortlöpande
Ett mönster som låter det ske framför något annat
Valets efterspel
Ett ickeval att inte bryta schemat
Naturens sätt att spara kraft

Det luriga om man inte gillar spelet efter är att finna
dess regler och idé speciellt om domaren är dålig. Då
kan det vara bra att göra en efterslläng mot en
motspelare och bli förpassad till utvisningsbåset.
Översikten därifrån är lite enklare än den från planen
och man kan vila också

I efterslängens efterspel

Och fann

Jag fann inte någonstans att ta vägen
Men det var ok för jag existerade nästan ingenstans
Fanns bara en sak att göra och det var knappast något
val eller var det
Kliven kändes bekanta, lite klumpiga men det var
oväsentligt, riktningen annorlunda
Att det hållet ens fanns hade jag normalt aldrig kunnat
föreställa mig
Men tillvaron var tydligen rymligare än vad jag anade
Jag tog vägen
Och fann någonstans

Försökte i alla fall

Märkligt påfund det där med vår och sommar

Jag frossade ju i höstens och vinterns döljande
I dess lov för avskilt läge och enskildhet
Men i hemlighet längtandes och önskandes

Efter allt
Som inte sker i skymundan och otillgänglighet

Trodde mig bara vara för mig själv, men naturligtvis
ensam
Såg mig ännu mer ensam ju mer planeten lutade
Men kunde ju inte skylla på universum för detta

Jag stod där i mörker och relativ kylighet och väntade på
uppgång
Och strax så hände det

Dagen grydde och jag försökte i alla fall fånga den

Tvärtom då

Hade egentligen inte börjat leva på riktigt än. Det var inte lätt att se eftersom jag knappt existerade någonstans och ingenstans var. Besöket var därför förvånande.

- Det var ett tag sen, klang rösten.
- Jaha, nähe, nu har du kommit fel igen, lät min mun.
- Det verkar ju inte så när jag ser närmare på dig, hörde jag lite lydigt. Men det är du som har kommit till mig denna gång. Rakt på. Har nästan försökt att undvika dig och nu när du ändå är här måste jag fråga dig ...

Jag uppfattade ju naturligtvis inte fortsättningen och frågorna både för att jag fortfarande var förvånad över det plötsliga mötet och för att de var mer ämnade åt en belägenhet som jag inte så mycket rådde över, visserligen kunde påverka men knappt fanns i medvetandet.
Mina tankar förblev vid det första.

- Hade jag vandrat så fel, tänkte jag. Men nu fanns i alla fall en slags punkt att förhålla mig till så ...

- Jag är på väg dit du inte kan gå, sa jag bestämt och beredde mig för avfärd.

- Ok, vill du inte svara nu så, men vi ses och du har fel. Min passersedel tar mig överallt, precis överallt, svarade rösten med en aning för road stämma.

Jag begav mig av och nya tankar sipprade upp.

-Kunde man verkligen dö om man inte levde. Tydligen. Jag trodde inte att den logiken var sådan.

Jag kunde alltså inte undgå döden genom att inte leva.

Ok, då kan jag lika väl leva då.

Men hur?

Något viktigare

Jag hade hellre tagit mig ut än suttit där inne

Visserligen befann jag mig på ett sätt redan ute men
hade ingen existens där. Så dilemmat var något annat än
att ta sig ut, eller på det sätt jag uppfattade att "ta sig ut"
betydde. Kanske det betydde "att ta sig in" eller bara "ta
sig" eller ja, va fan ...

Ja, lätt att förvirra sig in i språkets ytliga fasoner, vilket
naturligtvis många gånger är löjligt oväsentligt och
hämmande
Men kanske kul

Här gällde det dock något viktigare

Jag satt där inne, då, och funderade på vad det var.

Orden

Inga ord är värda att döda för
Egentligen
Då har man uppfattat det fatalt fel
Alla ord kan återupprepas, i evighet
Orden betyder ju ingenting egentligen
De är ju bara redskap
Livets

Inga ord är heliga
Inga ord kan köpas
Inga ord kan gisslantas
Egentligen
De är ju bara redskap

Ord kan hela
Ord kan leka
Ord är fria
Såklart

Perspektiv, kunskap och insikt är det
Inte orden
För livets helighet

Alls

Jag ville inte vara här
Jag ville gå ut och uppleva livet, för en stund i alla fall
Men det fanns ju inget ut att gå till
Det var nog inget för mig då, resignerade jag

Men jag hade ju en massa drömmar och längtan, men de
gick aldrig att ta med
Framåt och bakåt var det stängt, likaså sidledes
Uppåt och nedåt visste jag både alltför mycket om och
inget
Och här var jag ju då, utan någonting

Alls

Viktig anledning

Det såg kanske inte så annorlunda ut än vad jag
föreställt mig, men lite nytt fascinerande faktiskt och lite
tragiskt emellanåt, naturligtvis
Innevånarna verkade fredliga till grunden, deras
omedelbara hot var ju decimerat men naturligtvis inte
det långsiktiga

Mötte många, i enskildhet och i grupp
Föredrog det enskilda
Verkade både ärligare och mer viktigt
Det till och med klang till vid de möten, men sällan eller
aldrig då flocken var ansamlad. Då verkade väldigt andra
krafter verka

Tja, jag vände åter lite mer kunnig
Men det fanns ju en anledning att komma tillbaka

En viktig anledning

Några varv till

Hade försökt att bromsa in ett bra tag nu

Tufft ärende, för hastigheten var satt långt, långt innan
Innan ja, vad vet jag
Kunde nu i alla fall urskilja vissa konturer av det som
skulle bli mitt
I alla fall förvaltas av mig
Farten var dock alltför hög för att urskilja något visst
och definitivt
Naturligtvis även ens för försök att tänka på att kliva av

Kunde inget annat än att åka med några varv till

Stråk

Vaknade upp i det vanliga diset
Omgivningen, idag skarpa klippor, avslöjade ingen
position eller plats
Kunde vara precis var som helst
Ingen stig eller gång gick att kisa sig till eller känna sig
fram till
Det var lite ovanligt
Och jag var tvungen att ta mig härifrån

Vargen hade som vanligt befunnit sig där med sina
käftar vidöppna, skräckt mig till vaksamhet
Nu längre upplevde jag mig i alla fall inte skrämd eller
hotad av besten, bara rädd, och var den befann sig all
annan tid visste jag inte. Den dök dock alltid upp med
sina käftar vidöppna, efter natt

Fick en plötslig kontakt med ett djupt stråk
Med ens vaknade det ytterligare till
Sinnet tog position, skapade sig tillbaka i vigör
Det blev klart
Och därborta såg jag
En väg bort

Inte beredd på

Ständigt beredd
Hade befunnit mig ständigt bevakande och spejande
De ständiga visionerna och varslen om faror hade gjort
mina ögon fullständigt oseende
Min skenbild hade blivit världen
Det som existerade fanns inte, endast min rädslas
skuggor

Och jag var ständigt beredd
Hade gjort världen till min på det sättet
Blev fantastisk på övervakandet
Upptäckte kvickt varje litet tecken och gjorde vad
protokollet krävde, utan nåd och snabbt
Snart var allting uppfyllt

Och jag stod där med endast min rädslas skuggor
Nej, skuggorna var borta
Jag blev skräckslagen

Det var jag inte beredd på

Min båge

Satt ofta ensam och ensligt täljandes mina pilar
Blev allt duktigare
Hoppades och trodde jag

Material för styrfjädrar fann jag ganska lätt runt om
kring
Pilkroppen var till en början en utmaning men träslaget
och dess bearbetning blev min egen hemlighet
Men mina pilspetsar blev kanske bara hyfsade

Jag behövde ju också en båge
Vad skulle annars pilarna vara bra för

Rätt strängmaterial fann jag i alla fall ganska snabbt
Material för själva bågens kropp var svårfunnet
De tenderade att brista direkt eller var för mjuka
Fann aldrig något lämpligt

Jag letade länge

Ville någon gång kunna spänna min båge fullt ut

Satans assistent

Hade vandrat med som satans assistent ett kort tag
Det hade inte varit något val men jag klagade inte till en
början

En del var egentligen försvar inte attack
Eftervärlden förstod aldrig skillnaden med just det

Befann mig i trossen och i ständig beredskap
Såg i fasa vänner och andra massakreras, genomskjutas,
sprängas i luften

Själv märkt för livet på alltför många vis

Vägen sedan blev ofantligt lång och annorlunda

Skuld

Det var lätt för mig att tro att jag var skyldig till allt jag
anklagades för och lite allt för mycket därtill
Varje uppenbarelse av inte bara väktarna utan även av
nästan vem som helst annan runt om mig väckte denna
förskyllan

Kände mig för stunden befriad då makten vid tillfälle
bojade någon annan
Då hade i alla fall inte jag begått gärningen, vad det nu
än kunde ha varit

Jag var alltid min sämsta försvarare framför domaren
Bugandes och bockandes och ursäktandes
Och naturligtvis erkännandes

Men det var då det, hoppades jag

Fattar

Hade egentligen aldrig fattat något beslut
Jo, visst skulle man kunna beskriva det så

Men inget beslut som jag själv hade valt
Jo, visst skulle man kunna beskriva det så

Jag hade aldrig fattat något beslut som jag valt att välja
eller utifrån min vilja att välja utifrån mig själv
Ja, jag förstod det efter ett tag i alla fall, hur det nu var
och vad det nu kunde betyda

Jag fattade det i alla fall

Ja, jag grät

Jag grät i nästan ett år
Av alla de möjliga anledningar som fanns

Upplevde något efterlängtat
Befann mig hyfsat viktig mitt i
Och allt det andra som jag skyggat för

Ja, jag grät

Sen så

Jag hade all kunskap men jag visste ingenting

Vilket jag först inte förstod

Men sen blev det ganska uppenbart klart

Ha!

Sen så

I alla fall

Jag hade besökt tornen ett efter ett efter ett
En del av bara farten
Några med lite mer motstånd och andra väldigt
tvekandes

Jag hade behövt dig vid min sida
Din närvaro, din kropp och ditt allt, på riktigt denna
gång
Lätt att säga i efterhand
Nu är allt det överspelat

Vet inte om jag har ytterligare några torn att besöka
Men jag behöver en närvaro, en kropp och ett allt
I alla fall

Ett lugn

Nattens dunster höll på att skingras
Men dagen fick inget grepp

Nattvandraren trött
Marken ödelagd
Mörker jobbar väl
Dagen fick aldrig chans att återgälda detta offer

Något håll att vandra fanns inte
Marken var färdiggådd
Sikten slut

Plötslig svindel och sen ett lugn
En virvel tog form
For runt, utvidgades, kringärdade och slukade mig i dess
storm

Och sen åter ett lugn

Strax på väg

En del av besvärjelserna hade antagligen redan börjat verka och operera - eller med all säkerhet förresten - inte bara för att de hade provocerat fram hopp utan även för de djupa rörelser som allt vanligare hade börjat ske.

Det var inget vanligt hokus pokus denna gång.

Denna stund kunde inte eller ville inte natten dölja dagens existens. Kunde eller ville för en stund heller inte upprätthålla en orättmätig polarisering och uteslutning. Och det mörkljusa färgskimret vid horisont och molnkant kunde inget annat än avslöja den symbiosen.

Jag stod på terassen återigen, dock varligt. Denna gång ville jag stå kvar och samtidigt undvika överrumpling.

Min knivskarpa mörkerblick behövde inte arbeta så tufft men jag scannade noggrannt och försiktigt av vyn.

I den sydöstra dalgången syntes ett smalt, långt streck av ljus långsamt, långsamt närma sig. Det var de första som beräknades anlända under förmiddagen kommande dag. Strecket formerade sig till en ring.

Ljusbärarna slog läger.

I sydväst anades också någon ljusring långt, långt bort.

Nu gällde det.

Jag tände mitt bloss, släppte det till slut och kvickt
försvann det ner längs med muren. Det fräste till då det
stoppades mot vattenytan men fortsatte därefter sin
färd, fortfarande blossandes då det landade på bottnen.
- Det var äntligen rätt material, suckade ja djupt lättad.

Hela vallgravens grund och fundament flammade upp
likt en fyrbåk på land men ändå inte, och aldrig hade
sådant sällsamt sken återskastats på några murar tidigare.
Ljusbärarna fick nu den sista riktningsangivelsen.

*V*indbryggan var strax på väg ner.